अपने आकाश में

[कविता-संग्रह]

अपने आकाश में

सविता भार्गव

राजकमल प्रकाशन

ISBN : 978-81-267-2982-1

मूल्य : ₹ 300

पहला संस्करण : 2017

प्रकाशक : राजकमल प्रकाशन प्रा.लि.
1-बी, नेताजी सुभाष मार्ग, दरियागंज
नई दिल्ली-110 002

शाखाएँ : अशोक राजपथ, साइंस कॉलेज के सामने, पटना-800 006
पहली मंजिल, दरबारी बिल्डिंग, महात्मा गांधी मार्ग, इलाहाबाद-211 001
36 ए, शेक्सपियर सरणी, कोलकाता-700 017

वेबसाइट : www.rajkamalprakashan.com
ई-मेल : info@rajkamalprakashan.com

मुद्रक : बी.के. ऑफसेट
नवीन शाहदरा, दिल्ली-110 032

APNE AAKASH MEIN
Poems by Savita Bhargav

प्रिय
मुकेश
के
लिए

अनुक्रम

अपने आकाश में

सीखा है

चींटियों ने
पता नहीं कैसे घर के कोने में सुराख करके
बना लिया अपना घर
पता नहीं कैसे दीमकों ने मिट्टी जुटाई
और बना लिया मेरी लकड़ी की अलमारी के भीतर
अपना घर

यह मेरा घर है
यह चींटियों का घर है
और दीमकों का भी

सीखा है मैंने इनसे
कविता लिखना।

सृष्टि

इस रात
नहीं कोई जब
पास

ख़ुद में
मैं ख़ुद
जनम रही हूँ

नींद की तरह जनम रही हूँ
प्यास की तरह जनम रही हूँ
कविता की तरह जनम रही हूँ

अनन्त में
शुरू हो रही हूँ
किसी तारे की टिमटिमाती रोशनी में
हो रही हूँ समाप्त

खुल रही हूँ
बन्द हो रही हूँ
किसी अज्ञात पक्षी के
पंखों को याद करके

इस रात—
मैं हूँ
सबसे मनोरम
सृष्टि।

दरवाज़ा

मेरे खोलने के लिए
बना है
ये दरवाज़ा

बढ़ई ने
इसे बनाया है ख़ूब मज़बूत
और सुन्दर

इसके पीछे
खड़ी होकर
मैं एक मज़बूत और
सुन्दर औरत हूँ

ये दरवाज़ा
तुम्हारे खटखटाने के लिए
बना है

होती है इस पर
जब खट-खट
तुम्हारे कहे बग़ैर
मैं तुम्हें सुन लेती हूँ

तुम्हारी ये गूँज
— मैं हूँ
भीतर आकर थम जाए
इसी के लिए बना है
ये दरवाज़ा

तुम्हारी आवाज़
— 'मैं हूँ'
के घेरे में भटकने के लिए
बनी हूँ मैं

खड़ी होकर
इस दरवाज़े पर
मैंने तुम्हारे बिछड़ने के
दुख झेले हैं

लौटने तक तुम्हारे
ये दरवाज़ा
बन्द रहने के लिए
बना है

क्या! कोई और दरवाज़ा है
तुम्हारी निगाह में
क्या कोई और घर है
गूँजने के लिए जहाँ बेकरार है
तुम्हारी आवाज़

कोई हो तो बता दो
अभी बता दो

मेरे बन्द करने के लिए
बना है
ये दरवाज़ा।

बाहर का दरवाज़ा

कई तरह के हाथ
मुझे थपथपाते हैं
मेरे ऊपर उँगलियों और पंजों के
कई निशान हैं
खुला कपाट देखकर
कोई घुस गया धड़ल्ले से अन्दर
तो उसके लौटने तक
मेरी पलकें थमी रहीं

कई तरह के हाथों से
पड़ता है मेरा वास्ता
परख सकता हूँ
थपथपाने खटखटाने के अन्दाज़ से
आदमी का मिज़ाज
और उसकी असलियत

खुलने बन्द होने के अलावा
मेरा काम है
खटखटाया जाना
लेकिन कोई हाथ
खटखटाने के लिए
आगे बढ़कर रुक जाए

तो मैं सहम जाता हूँ
घबराहट होती है
कोई जब मुझे झिंझोड़ता
और धक्का देता है
कोई हाथ खटखटाने के बजाय
धीरे-धीरे साँकल बजाता है
तो मेरा प्यार उमड़ आता है

दरवाज़ा हूँ
मेरे हाथ नहीं हैं
और दीवारों से जकड़ा हुआ हूँ
लेकिन दिल की भाषा तो
पढ़ ही सकता हूँ।

अधूरा घोंसला

मेरी किताबों के पीछे रैक में
एक जोड़ी काली गौरैया
बना रही थी घोंसला
यह जानते हुए कि रैक गन्दा हो जाएगा
थोड़ा नुकसान हो सकता है किताबों का भी
मन से मैं विवश थी
समझो कि मेरा मन उन पर आ गया था
मैं यहाँ तक समझने लगी थी
दोनों में जो मादा है
उसमें मैं हूँ

दोनों में जो नर था
वह बहुत ही अपना लगने लगा
उसके पंखों की छाया का
करने लगी थी अनुभव

पता नहीं क्या हुआ
घोंसला अधूरा छोड़कर
गौरैयाँ कहीं और चली गईं
मैं सोचने लगी
क्या उड़ती गौरैया के अंडे
हवा में गिर गए

पहले सोचा था
काली गौरैया में मैं हूँ
सोच रही हूँ कई दिनों से अब
गौरैया मुझमें है
रैक में किताबों के पीछे
ज्यों का त्यों है
अधूरा घोंसला।

गौरैया

फुर्र निकल गईं
दो गौरैयाँ
मेरी कनपटी के बगल से
जा बैठीं घर के सबसे छोटे कमरे की
दरीची पर
पूरे घर के बारे में उन्हें मालूम है
पहचानती हैं हर दीवार और कोने को
उनके पंखों ने नाप रखे हैं
सभी कमरों के एक-एक इंच
सभी फाँट और दरारों का
उन्हें गहरा अध्ययन है
बारीक अन्न का टुकड़ा भी
फ़र्श से चुग लेती हैं
सिंक पर किटकिट मारकर चोंच
नल से टपक रहा पानी
पी लेती हैं
सँकरी से सँकरी जगह पर
रखती हैं घोंसला बनाने के लिए
तिनका

ये नहीं होतीं
नहीं होता घर इतना कर्मशील

और वानस्पतिक
और कम ही होती मेरी आँखों में
आकाश की नीली गहराई

मैं भी किसी घर की
गौरैया हूँ।

इस घर में

इस घर में
मैं रहती हूँ
घर नहीं था जब
यहाँ मैदान हुआ करता था
मैदान में एक बड़ा-सा
पेड़ हुआ करता था
पेड़ पर चिड़ियाँ हुआ करती थीं
गेहूँ के खेत थे पास में
चिड़ियाँ वहाँ दाना चुगने जाती थीं
तालाब था पास में
चिड़ियाँ वहाँ पानी पीती थीं
पेड़ पर कोई साँप चढ़ जाया करता था
चिड़ियों की फड़फड़ाहट सुनाई पड़ती थी
दूर तक

इस घर में
मैं रहती हूँ
चिड़िया की तरह
मैदान पेड़ गेहूँ के दाने और
तालाब के पानी के बारे में
सोचते हुए

साँप की सरसराहट का
अनुभव करती हूँ
अक्सर।

अपने आकाश में

पानी की बूँदें और उनकी चमक
मुझे बहुत पसन्द है
हमेशा बनाए रखा मैंने अनगिन बूँदों को
अपने होने में
एक-दो बूँदों को अपनी आँखों के कोर में भी
छुपाए रखा
और पानी के विरुद्ध धार में
मछलियों की तरह
मैं तैरती रही

हवा से बातें करना
मुझे बहुत पसन्द है
उड़ी भी हूँ उसमें
तितलियों की तरह
यहाँ से वहाँ तक
वहाँ से कहीं और तक
सच यह है कि हवा का रुख समझने में भी
मैंने ख़ुद को ख़ूब खपाया है
लेकिन अपनी थरथराहट में ही सही
हवा के ख़िलाफ़ भी खड़ा होना
मैंने सीखा है।

मैं अकेली कहाँ हूँ

सामने की छत पर
एक स्त्री बाल सुखा रही है
झटकती है बालों को जैसे छतरी खुल रही हो

पास में एक आदमी
सिगरेट पी रहा है
उड़ा रहा है धुआँ
जैसे बादल उड़ रहे हों

एक घर की बालकनी में
दो कुर्सियाँ अकेली बैठी हैं
रखे हैं चार गमले आसपास
शायद इस तरह टूट रहा है सन्नाटा उस जगह का

हवा में सरसराहट है
जो पूरे दृश्यों को छूकर
मुझ तक पहुँच रही है
सोचती हूँ इस पल
मैं अकेली कहाँ हूँ।

स्मृति में स्पर्श

मैं जिस स्पर्श के लिए तड़पती हूँ
वह सुबह की हवा भी दे सकती थी
लॉन में लेटकर उसे घास से भी
पा सकती थी
फरवरी की धूप में भी
उतना तो वह होता ही है
पानी में डुबकी लगाकर तो किया जा सकता है
कई गुना अधिक उसका अहसास
सादे काग़ज़ को सामने रखकर
पेंसिल छीलते हुए
भरपूर रमा जा सकता है उसमें
लेकिन करते हुए बीस वर्षीया स्त्री का स्वाँग
स्मृति में ही पाया जा सकता है उसे
सबसे अधिक।

जीने की जगह

मैंने अपने भीतर
जीने की जगह बनाई
लेकिन उस पर घर किसी और ने बना लिया
एक दिन उसे निकालने में मैं कामयाब हुई
और दूसरे को आसरा दिया
चूँकि घर उसका नहीं था
वह कभी समझ नहीं पाया
किधर आँगन है और द्वार किधर है
और किस खिड़की से दिखाई देता है
साफ़ आकाश
वह एक दिन भरमा कर बाहर चला गया
सहसा समय ऐसा भी आया
किसी ने जब अपनेपन से
मुझे अपने घर में जगह दी
और मुझे अपने भीतर भी
जीने की जगह मिल गई।

स्त्री सोचती है

नदी बह रही है
उसका बहना
सच है
नदी सूख गई है चैत में
नदियाँ सूखती ही हैं
सच है।
सावन में नदी फिर से
घहराने लगी
सच है।
नदी में घड़ियाल भी घहराता है
स्त्री सोचती है
यह सबसे बड़ा सच है।

मायके से साथ आईं चीज़ें

मायके से साथ आईं चीज़ें
एक-एक कर गृहस्थी से बाहर हो गईं
कटोरी थाली कलछी पड़ोस के
घरों में पहुँचकर लापता हो गईं
हंडे निकलकर रसोई से
ड्राइंगरूम की शोभा बढ़ा रहे हैं
और पता नहीं उनमें कौन-सी करिश्माई धातु मिली है
लिखकर मेरी सहेली ने उन पर कविता
हिन्दी में स्थापित हो गई है

बहुत अरमान से मैं रखती थी जिस सन्दूकची में
ज़ेवर और सुहाग की साड़ी
स्टोर के लाफ्ट पर बैठ गई है
बहुत बार सोचा
उसे उतारकर खोलूँगी
लेकिन क्या डर था
कि सोचकर ही रह गई

कुछ चीज़ें
घर के पिछवाड़े में
कबाड़ बनी पड़ी हैं
कुछ को मिट्टी ने निगल लिया है

और कुछ हवा में बिखर गई हैं
धूल के साथ उड़कर पता नहीं कहाँ गई होंगी
कुछ तो शायद उस चबूतरे पर बिखर गई होंगी
बचपन में मैं जिस पर खेला करती थी

बिखरी फैली और खोई हुई चीज़ें
खेल रही होंगी लुका-छुपी
किसी अनजान नन्ही लड़की के साथ
और उसके कानों में कर रही होंगी
कुनु-कुनु-टुस...

खोलकर बैठी हूँ आज
मायके की सन्दूकची
हो वह जैसे जादू की पिटारी
उसमें हैं न जाने कितने अटरम-गटरम
और है पीतल की एक सिन्दूरदानी
उड़न-तश्तरी की तरह
जैसे अब उड़ी कि तब उड़ी

तेज़ हवा
मुझे पीछे की ओर खींचे जा रही है
मैं मुड़कर देखना चाहती हूँ
लेकिन अनन्त काल के लिए जैसे
मैं ठहर गई हूँ

सिन्दूरदानी पर उँगली रख के
मेरी बेटी ने कहा
मम्मी मुझे यह चाहिए
इस तरह
मैंने अपने पुराने सपनों को
बेटी की आँखों में चमकते देखा।

कामवाली

कम्बल तानकर लेटी हूँ
ड्राइंग-रूम में टी.वी. देखते हुए
और कामवाली का भी काम देख रही हूँ

काम कराना
एक बड़ा काम है

मिक्सी का बटन दबाकर
वह पोंछती है माथे से पसीना
आँखें उसने झुका रखी हैं
कि कहीं मैं पकड़ न लूँ
उसके मनोभाव

वह वॉशिंग मशीन में कपड़े डालती है
नल खोलने में उसे मशक्कत करनी पड़ रही है
चेहरे पर होंठों के पास ऐंठन आ गई है
गीले हाथ बिजली का बटन दबाने में
उसे डर लग रहा है
पल्लू से पोंछती है उँगलियों के पोर

इस्त्री करने में
उसकी जान ही निकल रही है

मैं उसके सामने ही लेटी हूँ
लग रहा है उसे डर
मैं टोक न दूँ
— 'धीरे करो चुन्नट न बिगड़ने पाए'

बर्तन-अर्तन धोते देखने की ज़रूरत नहीं पड़ती
धमका रखा है।
जूठा न लगा रहे
खाना वह ठीक बनाती है
और उसमें देखना क्या
प्लेट में सामने आ ही जाता है

सब काम ठीक-ठाक कर लेती है
लेकिन उसका नागा करना अखरता है
एक बार तो तंग आकर मैं उसके घर ही पहुँच गई

वह सिलवट पर चटनी पीस रही थी
बहुत धीमी लय से
और मुस्कुरा भी रही थी
मैंने उसे नाम से पुकारा
और मैं मुस्कुराई
जैसे मैं ग़रीबों के प्रति बहुत दयालु हूँ।

पुरानी तसवीर को देखते हुए

चाँदनी जम गई है
टहनी और पत्तियों पर
आँखों में घास की
चमकीली नोक की तरह

नदी ठहर गई है
दो किनारों के बीच
रेत से सनी हुई— कसकती
देह की तरह

हवा के साथ बहते हुए मेरे बाल
थम गए हैं चेहरे के पास
कोई शब्द मेरे तालु में
दबा हुआ है

दुनिया रहे
सब दिन
इसी तरह।

प्यार करने का तरीका

कितनी अच्छी बात है
रोज़-रोज़ हम साथ रहे ही नहीं
लेनी पड़ीं छुट्टियाँ
और कभी किसी हाल नहीं मिले छुट्टी
उस दिन भुनभुनाते हुए करें
सब काम
और व्यवस्था को कोसते हुए
याद करते रहें—
पिछली बार मिलकर
क्या-क्या किया था

नहीं मिल पाने की हालत में
तरीका तो यह भी हो सकता है
शाम बग़ीचे में बैठकर
पत्तियों से बातें करें
और अगली मुलाक़ात में
उसमें पत्तियों की हरियाली मिलाकर
उसे ज़रूर सुनाएँ।

गालियाँ

ड्रामा कोर्स में
एक वाचाल वेश्या का अभिनय करते हुए
मंच पर मैं बके जा रही थी
माँ–बहन की गालियाँ

पूरी पृथ्वी एक मंच है
जिसमें पुरुष की यह
आम भाषा है
बोलने के लिए जिसे
स्त्री को
वेश्या के अभिनय का
सहारा लेना पड़ता है।

पुरुष होना चाहती हूँ

पुरुष होना चाहती हूँ कविता में
पहनावे और केश से नहीं
कुछ अकड़ दिखाकर भी नहीं
यह तो आम हो गया है
स्त्रियों के बीच
और पुरुष भी करने लगे हैं
इस फ़ैशन को पसन्द

पुरुष होना चाहती हूँ
और उसकी कलम से
स्त्री की सुन्दरता रचना चाहती हूँ

कविता के आईने में मैं खड़ी
अपने होंठों को चूसकर लाल कर देना चाहती हूँ
एक्स–रे मशीन जैसी आँखों को
अपनी देह पर टिकाती हूँ
और पहनावे के भीतर घुसकर
गुनाह में लिप्त हो जाती हूँ

मैं ख़ुद से कॉफ़ी पीने का प्रस्ताव रखती हूँ
और कॉफ़ी के घूँट पीते हुए
जिस्म की मदिरा का अनुभव करती हूँ

मैं ख्वाब देखती हूँ
किसी 'आइटम' के
और थक जाती हूँ जब ख्वाबों से
क्रोध में बड़बड़ाती हूँ
लाकर छोड़ूँगा साली को फाँसे में।

स्त्रीत्व क्या है ?

स्त्रीत्व क्या है ?
मेरी त्वचा और केश
मेरे होंठ और पसीने से तर-ब-तर
पोशाक से ढकी देह
वास्तव में जो मेरा पुतला है
क्या है—
मेरा स्त्रीत्व ?
सभाओं में जारी बहस
कविता में प्रयुक्त अलंकारों से तैयार
रूप
या धार्मिक आख्यानों में स्थापित
मूर्ति
क्या है मेरा स्त्रीत्व ?
सम्पत्ति के बँटवारे पर
एक मुद्दा
कानूनी बहस
और पारिवारिक तनाव

काश ! मेरा स्त्रीत्व
परिवार टूटने से बचाने के नाम पर
तुम्हारे गुनाहों को छुपाने में न होता।

सुनना चाहते हो मुझे

जाते हुए दिखीं अँधेरे में
दो छायाएँ
उनमें एक छाया
स्त्री थी
जिसके बोलने की आवाज़
बहुत साफ़ सुनाई पड़ रही थी

अँधेरा
सब कुछ को छाया में बदल देता है
लेकिन आवाज़ उसमें
अधिक साफ़ होती है

स्त्री की आवाज़ अक्सर
अँधेरे से ही छनकर आती है

सुनना चाहते हो मुझे
धड़कन की तरह
साफ़
अँधेरे में चली जा रही
किसी स्त्री छाया में
ढूँढ़ो मुझे।

दूसरे बाज़ार की औरत

चौराहे के बस स्टॉप पर
तीन-चार औरतें खड़ी थीं
बाक़ी चारों ओर पुरुष और पुरुष थे
मैं खड़ी हो गई उन औरतों के बीच
अपनी जमात मानकर
आ रही थी उनकी देह से सस्ते इत्र की ख़ुशबू
पहनावे भी थे उनके अजीब कटाव के
मैंने मुद्रा ऐसी बनाई कि नहीं ध्यान मेरा उन पर
सोचा कि आई होंगी किसी अपरिचित जगह से
जहाँ ऐसे ही रहा जाता होगा

लेकिन यह क्या था
वहाँ के सारे पुरुष मुझे घूरे जा रहे थे
और वे औरतें भी कनखियों से देख रही थीं मुझे
मैंने एक औरत के कन्धे को छूते हुए पूछा
क्या बात है लोग क्यों देख रहे हैं ऐसे
उसने मुस्कुराकर कहा
बाई ग़लत जगह खड़ी हो
मैं कुछ समझ पाती कि एक ऑटो वाला लपका
चलिए यहाँ से मैडम

बस की जगह मैं ऑटो से चल पड़ी

हँसकर बताया ऑटो वाले ने
आप धन्धे वालियों के साथ खड़ी थीं
हे भगवान! मैं तो डर ही गई
शर्मिन्दा हुई सुनकर
और नहाने लगी पसीने से
लग रहा था मेरी देह से उतर रहा हो
सभ्यता का आवरण

ऑटो के रियर व्यू मिरर में मेरा चेहरा भी
उस औरत की तरह दिखाई देने लगा था
जिसके मैंने कन्धे छुए थे
और इस बात से मेरी उँगलियाँ सुन्न पड़ने लगी थीं

मैंने मन को थोड़ा झटका
आख़िर वे भी तो हैं औरतें
और क्या पता वे भी सोच रही हों मेरे बारे में
किस दूसरे बाज़ार की औरत
हमारे बीच खड़ी हो गई है!

अगले फसाद के लिए

दंगे में
बलात्कार के बाद
जिसे मार दिया गया था
आज रात मुझसे मिलने आई
रोया अपना दुख
फिर मेरी पीठ थपथपाई
चलो कुछ नहीं हुआ तुम्हारे साथ
पूरे जानवर हैं वे
उनके सींग और नाख़ून देखकर
तुम हो जाती बेहोश

उसने अपना जिस्म दिखाया
और कहा
कैसे करते हैं वे
पता नहीं किस माँ ने
जना होगा उन्हें
पहचानो ज़रा उन्हें
मेरी आँखों में उनके फ़ोटो छपे हैं

मैंने देखा
वही थे वे लोग

जो मिलते हैं मुझसे रोज़
और कहते हैं मुझे दीदी या बहन

पीड़िता ने समझ लिया
क्या है बात
और किया ख़बरदार
असल में अगले फसाद के लिए
तुम्हें बचाकर रखा है।

संसार में जो इतने सारे सागर हैं

औरतें रोती हैं
जिस घर से आई हैं
उनका घर नहीं है
जिस घर में रह रही हैं
उनका घर नहीं है

रोती हैं औरतें
यह पता करते हुए
किस चीज़ में वे हैं
और किस चीज़ में नहीं हैं

कितना पता कर पाती होंगी
पता नहीं
मैं सिर्फ़ यह पता कर पाई
इस जन्म में
संसार में जो इतने सारे सागर हैं
औरतों के रोने से हैं।

पूर्वजन्म

यहाँ एक घर हुआ करता था
बरामदा था छोटा-सा सामने
सुबह चश्मा लगाकर पिता
पढ़ते थे यहाँ अख़बार
और देते रहते थे चाय के लिए
हर घंटे आवाज़
पीछे आँगन था
और थी उसी से सटी रसोई
बड़ा-सा पेड़ था आँगन में अमरूद का
पेड़ से उछलकर गिलहरियाँ
चली आती थीं रसोई में

घर के कमरे छोटे थे
लेकिन ख़ास सामान नहीं होने से
छोटे नहीं लगते थे
मैं माँ के कमरे में सोती थी
खटिया थी उसमें बीचोंबीच
और कोने में थी माँ की सन्दूक
जिसमें थोड़े-से ज़ेवर और
माँ की शादी के जोड़े थे
बाक़ी पहनने की चीज़ों के लिए
कोई जगह निश्चित नहीं थी

कमरे में धूप नहीं आती थी
अध उजाले में हवा रहती थी क़ैद
ठंड और उमस झेलते हुए
यहाँ मैं बड़ी हुई थी

यहाँ से मैं आगे बढ़ गई
समझो उड़ गई
घोंसले से
और पार कर गई
बीस बरस
तब अचानक एक दिन लौटी
यहाँ जो देखा था
उसे मन में लेकर
और देखा—
सब पूर्वजन्म की बात थी।

मैं स्थिर हूँ लेकिन

मैं स्थिर हूँ
जैसे मटके का पानी रहता है स्थिर
और रिसता जाता है
मेरे चारों ओर फफूँद भरी
दीवार है
टिकी है मुझ पर
धँसी हुई छत की नज़र

मैं स्थिर हूँ लेकिन दुखी नहीं हूँ
परवाह नहीं मुझे
क्या होगा आगे

गले में प्यास बनकर
जब उतरती हूँ
वह एक बड़ी घटना होती है
मेरी शीतलता से
चाँद को ईर्ष्या होती है
सूरज दुबक जाता है अपनी आग के साथ
किसी कोने में

मैं स्थिर हूँ
लेकिन स्थिर नहीं हूँ

जैसे नौका के नीचे स्थिर नहीं है
जल का कोई कण

समय के प्रवाह में
मैं पानी हूँ

जीवन में जिसने मुझे तंग किया
डुबोने में उसे
नहीं चूकती हूँ
और जहाँ चूकती हूँ डुबोने से
तो गले की आख़िरी हिचकी बनकर
उतर जाती हूँ।

मैं स्थिर हूँ लेकिन
चारों ओर फफूँद भरी दीवारों के बीच
मटके में एक छेद होने तक ही।

अनचाहा सामान

औरतों की दुनिया
रोज़ बिगड़ती है
थोड़ी-थोड़ी
टूटते हैं जैसे रोज़ घर के
कुछ न कुछ सामान
औरत के अन्दर की रोज़-रोज़
टूटती है कोई न कोई इच्छा

सोया हुआ कोई स्पर्श
जागकर सो जाता है
मन की कोई सुन्दर-सी छवि
जागने से पहले
रोज़ बिगड़ जाती है

बढ़ती जाती है
औरत की दुनिया में
थोड़ी-थोड़ी चुप्पी
बढ़ती जाती है
रात की कालिख

औरत इकट्ठा करती है
रोज़-रोज़
अनचाहा सामान।

व्यवस्था तो ये है

मुफ्त में नहीं मिलती
औरत को उसकी ज़िन्दगी
देना होता है बदले में उसे हमेशा
ठोस तरल वाष्प
किसी भी शक्ल में...
सबसे ज़रूरी चीज़ जो है उसका स्वप्न
करना पड़ता है अक्सर
सत्यानाश उसका
बचा-खुचा सच भी
सौंप देना पड़ता है
कुछ ज़िम्मेदार लोगों के हाथों में

मुश्किल है
सतीत्व के ढोंग के सिवाय
स्त्री के पास की चीज़ों में से कुछ भी
अक्षत बच जाए

व्यवस्था तो ये है
स्त्री ख़ुद होकर दे या न दे
उसके अंग-दर-अंग
और सारी जज़्बाती चीज़ें
चली जाती हैं ख़ुद-ब-ख़ुद
उसके सौदागरों के पास

मैं कवि हूँ
लेकिन झिझक नहीं है मुझे कहने में
स्त्री की अनुमति के बग़ैर
आख़िर कवियों ने भी तो लिखे हैं
शृंगार के शतक-दर-शतक!

सामूहिक आँसू

औरतों के रोने के
उस स्वर्ण युग से आई हूँ
डोली से जब आती थी बेटी वापस मायके
गाँव की चौहद्दी में प्रवेश करते हुए
रोती थी माँ पिता और घर के
दूसरे सभी सदस्यों का नाम लेकर
लाँघती थी घर की दहलीज़ जल्दी से
और थामकर बाँहें बाक़ी स्त्रियों की रोती थी

उस दृश्य के कारण
मेरी आँखों में बचा हुआ है मायका
और बचे हुए हैं थोड़े-से
सामूहिक आँसू।

बाँझ स्त्रियाँ

बाँझ स्त्रियाँ
ख़ूब बारीक तुरपाई करती हैं
कपड़े पर काढ़े उनके फूल
उनके जीने के मकसद होते हैं
और असली फूलों के लिए
ईर्ष्या के विषय

रसोई तैयार करना
उन्हें ख़ूब आता है
नमक-मिर्ची उनके जीवन का स्वाद है
थाली लगाने से पहले
लहसुन-प्याज का तड़का
झटपट लगाती हैं
और परोसते हुए भोजन
खाने वाले व्यक्ति के स्वाद पर
न्योछावर हो जाती हैं

सृजन हर काम में है
काम-वासना के समान

आलिंगन और भोग का
दुनिया उलट-पलट देने जैसा

बाँझ स्त्रियों का बेफिक्र अन्दाज़
बाक़ी स्त्रियों के लिए ईर्ष्या का विषय है

ख़ूब प्यार करती हैं
बिना किसी हसरत और
वादे के

फिर वे बाँझ कैसे हैं ?

मैं देखना चाहती हूँ

मैं देखना नहीं चाहती उस स्त्री को
पुरुषों को देखते हुए अपनी ओर
भुनभुनाती है
और काम पड़ने पर किसी पुरुष से
झुककर आगे से अपने को
उभार लेती है
और काजल की तरह अँज जाती है
उस पुरुष की आँखों में

मैं बिल्कुल ही नहीं देखना चाहती
उस स्त्री को
जो अपने अतीत को ओझल करते हुए
एक तरह से बनाकर अतीत को सती
सदी की श्रेष्ठ स्त्री का दर्जा पाने की होड़ लगाती है
और दूसरी स्त्रियों के क़िस्से दबी ज़ुबान से सुनाती है

मैं देखना नहीं चाहती
पुरुषों से आँखें चुराती स्त्री को
मैं देखना नहीं चाहती
स्त्रियों के विरोध में बोलती स्त्री को
मैं उस स्त्री को बिल्कुल नहीं देखना चाहती
स्त्री होने से आगे जिसे कुछ दिखाई नहीं देता

मैं देखना चाहती हूँ उस स्त्री को
जो अपनी देह को आत्मा की तरह देखती है
और आत्मा को
सभी स्त्रियों की तरह
पुरुषों की तरह भी
और नमक पानी रोटी की तरह।

मुहल्ले की औरतें

मुहल्ले की औरतें
पति और बच्चों के बाद
मुहल्ले की होती हैं

मुहल्ला उनकी संसद है
मुहल्ला उनका देश
अमरीका से कम्युनिस्टों का क्यों विरोध है
इसमें वे सर नहीं खपातीं
उनके विरोध के अपने मुद्दे
और उनकी सूची है
झाड़ू बरतन की बाइयों के मसले
उस सूची में सबसे ऊपर हैं
सरकारों का विरोध बिल्कुल नहीं करतीं
और देश की सरकार की भी क्या मजाल
गैस सिलिंडर की कीमत बढ़ा दे
वित्त मंत्री को सपने में भी
मुहल्ले की औरतें
झाड़ू फटकारते दिखाई पड़ती हैं

मुहल्ले की औरतें
मुहल्ले की औरतों से जब ख़फ़ा होती हैं
अपनी तरफ़ से संसद भंग कर देती हैं

और शाम-सबेरे अपने पतियों के साथ
ट्रैकिंग करना शुरू कर देती हैं
और बाक़ी औरतों को कनखी से देखते हुए
ख़ुद को आधुनिक स्त्री का दर्जा देती हैं

इस तरह
वे मुहल्ले में रहते हुए
मुहल्ले के बाहर हो जाती हैं
अख़बार पढ़ती हैं
किसी दिन अपने पति से पूछती हैं
ये 'स्त्री विमर्श' क्या है ?
इस तरह के सवाल से तिलमिलाकर
उनके पति उन्हें मुहल्ले में धकेल देते हैं।

बूढ़ी औरतों की स्तुति में

बूढ़ी औरतों से
उनके जीवन के क़िस्से सुनते हुए
अपनी उम्र की क़ैद से बाहर निकलती हूँ

भविष्य में जाने वाली सड़क
धीरे-धीरे खुलती है
चलती हैं जिन पर
पुरानी परछाइयाँ

भविष्य मेरे लिए है ही क्या—
एक प्रतिध्वनि
जो रोमों में बजती है
और होती है धीरे-धीरे
झुर्रियों की रचना—
एक सूखा हुआ
समुद्र

बूढ़ी औरतों से
उनके जीवन के क़िस्से सुनते हुए
उन्हें बार-बार रुकने के लिए कहती हूँ
उन जैसी खीसें निपोरने
और मुँह को तरह-तरह की

भंगिमा देने की कोशिश करती हूँ
फिर कहती हूँ—
आगे की कहो

इस तरह—
विस्मृति के कुहासे से
बाहर निकलने का
अनुभव करती हूँ।

पागल आदमी और स्त्री

सभी सामान्य लोग
एक जैसे हैं
लेकिन हर पागल
अपने ढंग से पागल है
अक्सर सामान्य लोग भी
स्त्रियों के साथ पागल जैसा व्यवहार करते हैं
लेकिन सचमुच जो पागल है
बहुत सामान्य व्यवहार करता है
हमेशा आप-आप करके बात करता है
पानी का गिलास थामते हुए
उँगलियाँ छू जाती हैं तो
सॉरी बोलने की मुद्रा बनाता है
भ्रम पैदा करता है
स्त्रियाँ अच्छे-अच्छे पागल को
ठीक कर सकती हैं

एक व्यावहारिक आदमी की तरह पागल
किसी स्त्री का बैग उठाता है
दरवाज़े से ही विदा माँगता है
कई बार तो यह भी देखा गया है
कोई स्त्री ख़रीद चुकी होती है पसन्द की चीज़ें
पेमेन्ट के लिए पागल आदमी आगे बढ़ता है

जन्मदिन के मौके पर
स्त्री की माली हैसियत से चार गुनी अधिक कीमत का
गिफ्ट देता है
किसी ख़ास घरेलू कार्यक्रम में
ऐसी जगह पर खड़ा होता है
जहाँ वह मेजबान की तरह दिखे
मेहमानों के लौटने के बाद
सारे सामान समेटता है
और विजेता के अन्दाज़ में
अपने लिए खाना परोसता है
इस या उस डिश में
ऐब निकालता है

वह जब लौटने की अनुमति माँगता है
बाक़ी लोग तारीफ में उसकी पीठ थपथपा रहे होते हैं
स्त्री उसके पागलपन की भयावहता से
सिहर रही होती है।

पुरुष मित्र

उसने कहा
मुम्बई जा रही हो
वहाँ से मेरे लिए अमुक दवाई ले आना
इम्पोर्टेड दवाई है
कभी-कभी मुम्बई में भी नहीं मिलती
जो कहा उसने वही हुआ
इस बार शायद पूरे मुम्बई में वह दवाई नहीं थी
एक रोज़ मैं गई दवाई खोजने
दूसरे रोज़ नहीं जा सकी
उसका फ़ोन आया
आज भी क्यों नहीं देख लिया
मैंने जवाब दिया नहीं जा सकी
कल जाऊँगी
उसे हूल मची—
लगता है आप आजकल दूसरे ख़यालों में रहती हैं
हालाँकि उसका इशारा मेरे किसी और मित्र की तरफ़ था
मैंने ठंडे मन से कहा
अपने पति के ख़यालों में रहती हूँ
और बाबा
आपकी दवाई जब तक नहीं मिलती
मुम्बई से नहीं आऊँगी
नाराज़गी उसकी और बढ़ गई

कहा कि मत आइएगा कभी
और फ़ोन काट दिया
फिर फ़ोन पर मैसेज का सिलसिला शुरू हुआ
उसमें भी नोक-झोंक का नाटक
और इस तरह एक दिन मैं
वापस आ गई मुम्बई से
उस शाम मैं थी और वह मेरा मित्र
जिसके ख़यालों में रहने का मुझ पर आरोप था
मैंने उसे भी दवाई वाली बात बताई
इत्तेफ़ाक से या टोह लेते हुए
वह मित्र भी आ गया
और पूछने लगा—
आपने तो बता ही दी होगी इन्हें दवाई वाली बात
हम दोनों ने हाँ कहा
अब तो उसकी नाराज़गी आसमान पर थी
कि क्यों बताई तीसरे को

हे भगवान!
बहुत प्यार और सम्मान देने के बावजूद
पुरुषों से दोस्ती
कितनी मुश्किलें पैदा करती हैं।

पुरुष दोस्तों की बीवियाँ

उनके पतिदेवजी लगाते हैं
पूरे शहर का दिन-भर चक्कर
तब जलता है
उनके घर का चूल्हा

पड़े-पड़े अपने बिस्तर पर
वे सोचती रहती हैं
स्वामी का चल रहा होगा
कहीं पर रोमांस
मेरा चेहरा याद करके तो
वे बेहद कुढ़-भुन जाती हैं

उनका बस चले तो
उनके ही आँगन में
सूर्यदेवजी उगें
और वहीं डूबें भी
लेकिन क़िस्मत देखिए
वे सपने में पहरेदार बनकर
लगाती रहती हैं मेरे घर का चक्कर।

ऐसे दृश्यों के कारण

शाम हो रही थी
समुद्र में दिखाई दे रही थी
एक नाव सुनहरी और
थोड़ी सुरमई

नाव
देह की तरह तो नहीं थी
लेकिन देह के एक सुन्दर अंग की तरह
ज़रूर थी

सूरज
लाल होकर उभर आया था
देह के एक सुन्दर अंग की तरह

समुद्र का पानी
अपनी लहरों में पूरा का पूरा
एक देह था
यह दृश्य
बहुत मिलता-जुलता था
मुझसे

मैं बहुत मिली-जुली हूँ
ख़ुद से
ऐसे दृश्यों के कारण।

छोटी सी सम्पूर्णता में

गरमियों में
फूलों से भरे पेड़ों की बगल से
गुज़रती हुई सोचती हूँ
पृथ्वी गमले की तरह है
पेड़ उसमें गुलाब के पौधों की तरह हैं
पृथ्वी कई-कई गमलों के रूप में
देती है दिखाई
सजे हैं जिसमें लाल सफ़ेद
कत्थई गुलाब
और मैं ख़ुद को अनुभव करती हूँ
छोटी-सी तितली के रूप में

इस छोटी-सी सम्पूर्णता में घुल-मिलकर
भूल ही जाती हूँ
असली दुनिया की
क्रूरताओं को।

बन्द खिड़की

इस खिड़की से
रोशनी आ सकती है
हवा आ सकती है
और आ सकते हैं
किसी दूसरी खिड़की पर
बजते हुए रेडियो के गाने

खड़े होकर
पास इसके सूने मन को
टटोला जा सकता है
तुम्हारी अनुपस्थिति में
तुमसे कुछ बोला जा सकता है

बन्द है मगर
दुनिया का यह भी एक द्वार है
इसलिए इसे खोला जा सकता है।

गन्ध

अपनी गन्ध अपने कपड़ों में डाल देती हूँ
अपनी गन्ध अपनी जूती और
मौज़े में डाल देती हूँ
अपनी गन्ध सबसे अधिक
अपने अन्त:वस्त्रों में डाल देती हूँ
और उससे भी अधिक
तुम में डाल देती हूँ

देखो
तुम्हारे नथुने
किस तरह फड़फड़ा रहे हैं।

छूना मत

मैं
तुम्हारे मन की
एक तसवीर हूँ

छूना मत।

मेरे पैर

दीवारों और छत को छोड़कर
घर में हर जगह
इनकी छाप है
जैसे रेत पर हवा की
छाप होती है

बाहर निकलते हुए घर से
वापस दरवाज़े की ओर
ये मुड़ते हैं
और दिलाते हैं अहसास
लौटकर आना है

दूसरों की दहलीज़ पर पहुँचकर
थोड़ा थम जाते हैं
देते हैं समय सोचने के लिए
खटखटाऊँ दरवाज़ा
या वापस लौट जाऊँ
कभी यह भी हुआ है
बारिश शुरू हुई है
और ये गिलहरी के पैर
बन गए हैं

ये बहुत सुन्दर हैं
मेरे हैं इसलिए
और इसलिए भी
बड़ी-बड़ी उड़ानों के बावजूद
दुनिया खड़ी है अभी भी
इनके बल पर।

दरार

मेरे दाएँ पैर के तलवे में बाल बराबर
दरार आ गई है
जिसे भरने के लिए प्लास्टर चढ़ा दिया गया है
इस तरह पन्द्रह–बीस दिनों के लिए
मिल गई है मुझे फुरसत
लेटे हुए सुनती रहूँ संगीत
और लिखती रहूँ
मन में जो आए
यही समय है
बाक़ी दरारों को
धीरे–धीरे भरते रहने का

एक दिन जब मैं उठूँगी
और निकलूँगी नहाकर घर से
दुनिया दिखाई देगी
थोड़ी बड़ी
और दरारें शायद
अधिक चौड़ी दिखेंगी

अभी, इस पल
डर लग रहा है
इस बात से।

मेरे मन का ख़याल

कितना ख़याल रखा है मैंने
अपनी देह का
सजती-सँवरती हूँ
कहीं मोटी न हो जाऊँ
खाती हूँ रूखी-सूखी
कहीं कमज़ोर न हो जाऊँ
पीती हूँ फलों का रस

अपनी देह का ख़याल रखते हुए
कितना ख़याल रखा है
मैंने तुम्हारे मन का

मेरे मन का ख़याल
कम से कम अगले जन्म में
ज़रूर रखना।

कलम पकड़ती हूँ

मेरी आँखों के द्वार से
जितना तुम आते हो
नहीं आती रोशनी
उससे ज़रा भी अधिक

मेरे होंठों पर
तुम्हारे होंठों की जितनी है मिठास
स्वाद नहीं आता गुड़ का
उससे ज़रा भी अधिक

मेरे उरोजों पर
तुम्हारे हाथों और माथे का
जितना पड़ा है ज़ोर
पूरी पृथ्वी पर कुछ भी नहीं भारी
उससे ज़रा भी अधिक

मेरी उँगलियों ने कसा है
तुम्हारी उँगलियों को जितनी ज़ोर से
कलम पकड़ती हूँ कविता लिखने के लिए
उसके बराबर ही कसकर।

डायरी

एक दिन
मैंने अपनी डायरियों के पन्ने
पलटे

किसी की मैंने प्रतीक्षा की थी
इस बारे में
कई पन्ने थे
मेरे पश्चाताप का
सिर्फ़ एक पन्ना था

जिसके साथ मैंने दिन अनगिन बिताए
उसके बारे में
एक भी शब्द
नहीं था

उन दिनों
मैं डायरी थी
उसकी।

मिलन

तुमने कहा
रात में मिलो

मैं रात में मिली
और रात ने
रात का अर्थ समझा

तुमने कहा
मिलो लेकिन कोई न देखे

मैं मिली
और किसी ने नहीं देखा

तुमने भी नहीं।

यहाँ से

दस्तावेज़ हैं मेरे पास
कई पूर्वजन्मों के
लेकिन जन्म लेने की उनमें
कोई सूचना नहीं है
कुंठा, जो भर गई है मुझमें
आसान नहीं उसके रहते
जन्म लेना

अपनी परछाइयों के आसपास
भटकती रही हूँ
दीये की अन्तिम लौ की तरह आत्मविश्वास
लेकर, भटकती रही हूँ

तुम कहते हो
ख़ुद से बाहर निकलो
मैं कहती हूँ
पहले तुम निकलो
यहाँ से।

उस तरह

रेस्तराँ में
वह लड़का मुझे घूरे जा रहा था
अपने बालों में उसकी आँखों के उलझने का
मैंने अनुभव किया
हल्की सिहरन हुई और झटका लगा
मैं उसकी ओर देखने लगी
उसने आँखें चुरा लीं
और खिड़की से बाहर देखने लगा
डरा-सा बाहर खिड़की के
शायद मुझे ही देख रहा था
देखने लगी मैं भी खिड़की के बाहर उसे
उसी जगह
देख रहा था वह जहाँ मुझे
दुबारा मैंने रेस्तराँ में चारों ओर
आँखें घुमाईं
पूरा रेस्तराँ मुझे देख रहा था
खिड़की से बाहर देखते हुए
सिर्फ़ उस लड़के को छोड़कर
मेरे कन्धों में जोर की झुरझुरी हुई
दिल किया उस लड़के के सामने
बैठ जाऊँ
ताकि बाक़ी रेस्तराँ मुझे नहीं देखे
उस तरह।

यह एक ऐसी बात थी

एक समारोह में कुछ लोगों से मिली
कुछ को पहले से जानती थी कुछ को नाम से
और कुछ को बिलकुल नहीं जानती थी
बिलकुल जिन्हें नहीं जानती थी उनमें से कुछ
मुझे जानते थे और सबसे अधिक
उन्हीं से हुई बातचीत
वही सबसे अपने लगे
और जो लोग मुझे बिलकुल नहीं जानते थे
लौटते समय उनकी आँखों की चमक को देखकर
अहसास हुआ
अगली किसी मुलाक़ात में
वही सबसे अपने लगेंगे
यह एक ऐसी बात थी
दुनिया इससे हमेशा अपनी लगती है।

आत्मीय मुस्कुराहट से

पूछ रहा है कोई
किसी का पता
मेरी खिड़की के सामने
खड़ा होकर...

पता बताना एक कला है
कई नाम मालूम होने चाहिए
आसपास--
दाएँ-बाएँ की सब दूरी
मालूम होनी चाहिए
और बताते हुए पता
पूछने वाले को भी जानने का
अपना एक मज़ा है
और अच्छा तब लगता है
पता पूछने वाला धीरे से
मुझसे मेरे बारे में पूछता है

अधिक से अधिक लोगों को
अपने बारे में बताऊँ
और अधिक से अधिक लोगों को
जान पाऊँ
इस बात में अनुभव करती हूँ
रोमांस

कोई गुज़र रहा है
मेरी बगल से
देखते हुए मुझे
चोर निगाहों से
पूछती हूँ मन में
उसका घर ठिकाना
और देती हूँ अपना परिचय
देह–मुद्रा और
आत्मीय मुस्कुराहट से।

इन्तज़ार करें

स्त्री लिखती है
मामूली चीज़ों और
साधारण घटनाओं पर कविता
और हो जाते हैं पाठक उसके प्रसन्न
स्त्री अगर किसी दिन लिख देती है
कोई ग़ैर मामूली चीज़
और अपने जीवन की बड़ी घटना के बारे में
पाठक उसके फुसफुसाते हैं
अरे यार यह तो ऐसी निकली!

इन्तज़ार करें
किसी दिन मैं भी ऐसी निकलूँगी।

उपयोग

मैं औरत हूँ
और मेरे औरत होने के
कई उपयोग हैं

अगर सुन्दर हूँ
तो मेरी सुन्दरता का उपयोग है
अगर सुन्दर नहीं हूँ
तो उसका भी उपयोग है

सुन्दर नहीं हूँ
तो पूरे घर की दासी हूँ
सुन्दर हूँ
तो मल्लिका हूँ
सजे हुए बिस्तर की

मेरे सरताज!
हुस्न की मल्लिका का रूप धरकर
सिर्फ़ दासी हूँ
आपकी

क्या कहा
मैंने आपका उपयोग किया है

घर सँभाला
नहीं देखा कोई और
आसरा

यानी—
मैंने आपका उपयोग
किया है

शहंशाह
मैंने अपने औरत होने का
उपयोग किया है
और आपका कोई कम उपयोग नहीं
औरत के जीवन को
नरक बनाने में।

हलो! हलो-हलो!!

अकेली रहती हूँ
आमतौर पर सूने घर में
और बतियाती रहती हूँ सेलफ़ोन पर
कभी पति से तो कभी बेटे से
सहेलियाँ हैं कई जो आ टपकती हैं
सुरीली आवाज़ में फ़ोन पर
और हलो हा-हा करते
धीरे-धीरे बखिया उधेड़ने लगती हैं
इस औरत या उस आदमी की
कभी मैं घंटों पड़ी रहती हूँ
फ़ोन का स्विच ऑफ़ करके
और जब करती हूँ स्विच ऑन
टर्राने लगता है फ़ोन
सुनने पड़ते हैं मुझे
फ़ोन बन्द करने पर
कई उलाहने

मालूम है
आप अच्छा नहीं कहेंगे
फ़ोनों से भरी मेरी इस ज़िन्दगी को
लेकिन जब सारे सार्वजनिक मंच
हथिया लिए हों ऐसे वैसों ने

यही एक मंच बचता है
हलो! हलो! सुन रहे हैं न
आप मेरी बात!

अमरूद

खाओगे अमरूद
घर का है
ग़लत बोल गई
घर के पेड़ का है
और लम्बा करके बोलती हूँ
घर के बग़ीचे के पेड़ का है

कितनी चीज़ें लिखी हैं
अमरूद में
घर पेड़ बग़ीचा
और मैं ख़ुद लिखी हुई हूँ
अमरूद में

अमरूद खाता हुआ आदमी
दिखाई दे रहा है
गिलहरी और तोते की तरह।

छाया

मैं अपनी छाया से
ऊपर उठती हूँ
और गिर पड़ती हूँ
अपनी छाया पर

औरों ने नहीं
मेरी छाया ने
मुझे बाँधा है।

बिना अमर फल खाए

तुम्हारे भीतर
अपनी देह के भीतर की
देह को रखकर
बिना अमर फल खाए
हमेशा-हमेशा
जीना चाहती हूँ।

हवाई जहाज़

जब मैं छोटी थी
हवाई जहाज़ की आवाज़ सुनकर
दौड़ती हुई चढ़ जाती थी
घर की छत पर
और शोर मचाते हुए
हिलाती थी हाथ

हवाई जहाज़ के
आँखों से ओझल होने तक
शून्य में निहारती थी

उसी शून्य में
शायद मैं बड़ी हो रही थी

बड़ी होने तक नहीं सोचा था
उड़ूँगी कभी हवाई जहाज़ में
दबाते हुए तेज़ी से साइकिल के पैडिल पर पाँव
अपने कस्बे की गलियों में
सरपट भागती हुई
समझती थी
उड़ रही हूँ

उड़ने की वह शुरुआत थी
इसका अनुभव आज होता है
तितलियों की तरह
फुदकती और उड़ती हुई
कब कोई लड़की
सचमुच उड़ने लगती है
नहीं सोचा होगा इस बारे में
हवाई जहाज़ बनाने वाले ने

जीवन के कई धक्कों और
उड़ानों के बाद
मैं बैठी एक दिन सचमुच
हवाई जहाज़ पर
और हज़ारों फुट की ऊँचाई से
मैं देख रही थी घरों की छत
मन में था दिखाई दे जाए
अपना भी घर

मुझे हैरानी हुई
ऊँचाई से सब कुछ
धुँधला हो जाता है
और याद नहीं आती ठीक से
ज़िन्दगी की वह जंग
जिसकी ऊर्जा से
उड़ता है हवाई जहाज़।

सोचा था

सोचा था
जीवन जीऊँगी
अपनी अदा से
खाया-पिया करूँगी
अपनी पसन्द से

अपनी पसन्द का
काम करूँगी
अपनी पसन्द के लोगों से
कभी-कभी मिलूँगी

परवाह नहीं करूँगी
इसकी या उसकी
मनमर्जी से
समय खर्च करूँगी

सोचा था
और आज तक सोचती ही रही।

इच्छा के आगे

इच्छा के अगर पैर होते
कहती चढ़ो हिमालय की
सबसे ऊँची चोटी पर
और कूद पड़ो

हाथ होते अगर इच्छा के
अपने हाथों से उन्हें पकड़ती
कुछ देर मरोड़ती
फिर कहती
घोंट डालो अपना गला

ये दोनों चीज़ें नहीं थीं
इच्छा के पास
इसलिए मैं बेबस थी
उसकी इच्छा के आगे।

मैं

तुम्हारी बाँहों में
मैं जंजीरों से बँधी
रात हूँ
तुम्हारी आँखों में
बँधी है
मेरी रोशनी

मैं तुम्हारी रात हूँ
मैं तुम्हारी रोशनी हूँ।

नि:शब्द

नि:शब्द मेरे होंठ
मेरी आँखें, देह-भंगिमा

मैंने आकाश को देखा
और उसके प्रकाश का
अनुभव किया
तिरते पंछियों के
करतब देखे
और मेरी देह में
सुन्दर लोच पैदा हो गई
फिर फैल गई मेरे होंठों पर
बारिश के बाद की धूप

मैं मूक
कुछ गा रही थी
हरियाली चारों ओर
डोल रही थी
जी डोल रहा हो
जैसे मेरा।

सोचते हुए

मैं थी
रूप और मधुरतम
भाव
सृष्टि में निबिड तम
मोह

मैं हूँ
जो थी उससे अलग
वृक्ष और फल की तरह
उत्तरदायी

मैं थी
तब क्या था
मैं हूँ
अब क्या है

निकलेगा
सोचते हुए
जीवन शेष।

नाव

क्षितिज का छोटा-सा कोना
दिखाई पड़ता था जिधर
वहाँ की धूप में
मैं ख़ुद को खिली हुई अनुभव करती थी
पेड़ों से भरी बढ़िया जगह थी
चिड़ियों से बतियाने के लिए
छनकर आती थी
घास और पत्तियों से हवा
समुद्र के पानी की गन्ध
जिसमें बची हुई थी
और अनसुना संगीत था
सन्नाटे को तोड़ता हुआ
अथाह जलराशि थी
बहती हुई जिसमें मैं
छोटी-सुनहरी नाव थी।

क्षण यह

छत पर देती है सुनाई
बारिश की आवाज़
और मेरे मन में
उठती है गूँज

दीवारों पर
फैलता है पानी
और मैं डूबती हूँ
अपनी ही देह में

गरजते हैं बादल
मैं बह पड़ती हूँ हवा की तरह

क्षण यह
छप-छप पानी।

सौन्दर्यबोध

कुत्ते सो रहे हैं
जाड़े की धूप में
सड़क को मानकर
सुन्दर शैया

हममें से हैं जिनके
सुन्दर घर और
सोने के लिए महँगे बिस्तर
सड़क पर सोते हुए कुत्ते
सहलाते हैं उनके मन को
और जगाते हैं उत्कट
सौन्दर्यबोध।

सोलहों आना टंच

प्यार
जिसे मैंने ख़रीदा कौड़ी के भाव
वह सोने के भाव के बराबर आ गया
मैंने नहीं बेचा
उसने हीरे के भाव को छू लिया
मैंने नहीं बेचा
ख़रीदी हुई चीज़ से बिक जाने का
यह उदाहरण था

प्यार ने
मुझे ख़ूब खरचा
मेरी हड्डियों के भीतर की हड्डियों को
चट कर गया
तो भी मैं बनी रही
सोलहों आना टंच।

मुझे दुख होता है

प्रेम में पड़ी स्त्री मुझे अच्छी लगती है
लेकिन मुझे दुख होता है
किसी पुरुष की तरह कामोत्तेजित होकर उससे
मैं प्यार नहीं कर सकती

नहीं देखा जाता मुझसे
छली गई स्त्री का दुख
लेकिन मुझे दुख होता है
मैं नहीं दे सकती उसे
झूठे मक्कार पुरुष के बराबर भी
भोग का सुख।

और

और तुम आ गईं
और तुम्हारा ही इन्तज़ार था
और सुनाओ

और तुम जा रही हो
और रुक नहीं सकतीं
और कब आओगी

और अभी नहीं
और कभी बाद में
और जाओ जल्दी
कहीं भी
भाड़ में।

यूरोप यात्रा

तुम्हारे साथ
लक्ज़मबर्ग की इस सड़क पर
कितनी फुरसत है मुझे
तुमसे करूँ दुनिया भर की बातें
और कितना धैर्य है तुममें
सुनने का
यह कितनी अच्छी बात है
यहाँ किसी को फुरसत नहीं
हमारी तरफ़ देखने की
या कि हमें सुनने की
बहुत–सी बातें हैं
यहाँ देखने और समझने लायक
लेकिन उससे भी अधिक बातें हैं हमारे पास
इस सड़क पर चलते हुए
आपस में समझने–समझाने लायक
मैं सोचती हूँ कि हमें आपसी चुप्पी तोड़ने के लिए
आगे भी करनी चाहिए
यहाँ की यात्रा।

यात्रा

अच्छा लगा हवाई जहाज़ पर
आकाश में झूमना
मेघों के बीच गुज़रने में
बहुत अच्छा लगा
बासौदा से भोपाल के
रोज़ के अप-डाउन को याद करके।

पहाड़ पर*

इतना ऊपर खड़ी हूँ
जैसे पृथ्वी की ओर से
आकाश चूम रही हूँ
जैसे सूरज धुंध में
बढ़ रहा हो मेरी ओर
मुझसे हाथ मिलाने

इतना कभी नहीं
अनुभव किया
गहराई से
पृथ्वी को

जैसे सोता फूट पड़ा हो
हृदय में
और मैं गिरने ही वाली हूँ
उज्ज्वल झरने की तरह।

---

* बिन्सर : पहाड़ की चोटी (अल्मोड़ा)

इस घाटी को देखकर*

तितलियाँ उड़ रही हैं
फूलों से जैसे टूटकर उड़ रही हों
पंखुड़ियाँ

भोपाल में पतंगों का उड़ना
याद आ रहा है

जैसे तितलियों को देखकर
पतंगें बनाई गईं
काश! आकाश भी बना होता भोपाल का
इस घाटी को देखकर।

* कौसानी (अल्मोड़ा)

पहाड़ी पर से झील

सूरज
सुबह–सुबह
मेरी पीठ पर उँगलियाँ
फेर रहा था
और मेरी आँखों के सामने
बड़ी हो रही थी
झील।

दिल्ली दूध है

सड़क पर चलते हुए
मैंने एक रोशनी के खम्भे को छू लिया
महसूस हुआ
इससे झर रही रोशनी
मेरी है

यानी इस शहर की रोशनी में
थोड़ी रोशनी मेरी है

थोड़ी देर
मैं खड़ी रही एक कम भीड़ वाली सड़क पर
और कोशिश करती रही
चेहरों को पढ़ने की
महसूस हुआ
सभी चेहरे मेरे हैं

सत्ता और क्रूर सभ्यता से अलग भी
मेरी तरह इस शहर का चेहरा है

मैं चल रही थी भीड़-भाड़ में
लग रहा था उबल रही है दिल्ली
कोफ्त हुई कहाँ फँस गई

मुश्किल से बाहर निकली
जैसे उतारा गया हो हंडी को
आग से
तसल्ली हुई महसूस करके
दिल्ली दूध है
थोड़ा उबलना जिसका
जायज है।

सफर से लौटकर

सफर से लौटकर
मैं अपने बिस्तर पर लेटी
और ख़ुशी से भर गई
सच तो यह है
अपने बिस्तर पर कई दिनों बाद
पसरने पर
मेरे भीतर का दुख
थोड़ी देर के लिए दुबक गया

चित लेटी मैं देख रही थी
घर की छत को
जो छत ही थी
लेकिन उसमें मुझे
आकाश दिखाई दे रहा था
मैं देख रही थी दीवारों को
जो दीवारें ही थीं
लेकिन उनके भीतर न जाने
मेरा कितना जीवन छुपा था

सफर से लौटकर
जी हुआ टिकाकर पीठ
अपने घर की दीवार से
थोड़ी देर रोऊँ।

टूटा तारा

एक तारा
टूटा
जैसे अन्तरिक्ष से छूटकर
मेरी ओर दौड़ा हो

निहारते हुए
जैसे मैं उसमें
समा गई

क्षण में
जैसे आकाश पूरा
नाप गई

अपना
जब नहीं होता
कोई पास
रहता है
टूटे तारे का सहारा।

राख का सिन्दूर

शरद पूर्णिमा को
इस चाँदनी में
मैंने शरण पाई

चाँदनी ने
मेरे माथे पर
शरण पाई

राख हो गई
चाँदनी

राख का सिन्दूर!

माला

फूलों की माला
मैं चढ़ाती आई
शिवलिंग और
कृष्ण की प्रतिमा पर

अपने विवाह पर
फूलों की माला
पहनाई गई
प्रीतम के हाथों

माला कभी न वह सूखे
मालाएँ मैं पहनती रही
सोने/चाँदी की रुद्राक्ष और
मोतियों की, कुछ तो
बस सुन्दर धागों की

दिल चाहे जितना दुखे
मालाओं से मोह मेरा
बना रहता है
किसी माला को जब
कोई सुन्दर कहता है

मैं अपनी विवाह की माला को
याद करती हूँ

माला फूलों की
मेरी जब अर्थी पर चढ़ेगी
संसार से मालामाल
मैं जा रही होऊँगी।

जून

हवा
कल के दिन
राख बनकर
झरेगी

पृथ्वी
कल के दिन
दिखाई देगी
अधजली स्त्री

सूरज!
कल के दिन
अपनी हद को
मत करना पार।

ठंड लौट रही है

ठंड लौट रही है
लौट रही है धीरे-धीरे
तलुओं से अकड़
त्वचा से चुभन

अरे नीम के कोंपल
पलाश के फूलो
विदा कहो
लौटती हुई ठंड को

महुए की गन्ध
कोयल की आवाज़
आओ-आओ
ठंड लौट रही है

जैसे शत्रु की सेना
लौट रही हो
हारकर पस्त

कौए की आँखों में
पसरने लगा है दुख
क्यों लौट रही है
यह ठंड।

आत्म-व्यंग्य

करती हूँ
क्या करती हूँ
दिन-रात
कुछ करने से भागने के सिवाय

देखती हूँ
क्या देखती हूँ
दिन-रात
नहीं देखने के सिवाय

सोचती हूँ
क्या सोचती हूँ
दिन-रात
दिन और रात के सिवाय!

सती प्रथा*

फौजी के घोड़े की पीठ पर
दागी जाती है सील
कूट शब्दों में फौजी का
होता है जिसमें विवरण

एक दिन फौजी रिटायर होकर
घर लौट रहा होता है
उसी दिन
उसके घोड़े को गोली दाग़ दी जाती है

जानवरों के लिए
सती-प्रथा आज भी
है जीवित।

---

* टी.वी. पर एक फ़िल्म देखकर।

शुक-कवि संवाद

कहिन कविश्री अच्छा है
कवयित्री जोड़िन— अलबत्ता है
कहिन कविश्री— उसमें ऐसा
और ऐसा है
कवयित्री बोलिन— हाँ-हाँ
ऐसा और ऐसा ही है
कहिन कविश्री— लेकिन गड़बड़ भी है
उसमें थोड़ा
जैसे बेलन से रोटी गोलन करते हैं
कवयित्री बोलिन— चलता है
कहिन कविश्री— जो दूसरा है
क्या नाम है उसका
मैं भूल रहा हूँ
कवयित्री गेम खेलिन—
मुझे भी याद नहीं आ रहा है
भला-सा नाम है
कविश्री कहिन— नहीं उतना नहीं
दुबारा पढ़ना

कवयित्री मारिन दाँव
आप जब बोल रहे हो
तो क्या पढ़ना

कविश्री बिगड़िन मेरी छोड़ो
पढ़ लेना
गुस्से में कवयित्री की मति चकरानी—
आप भी नऽऽ कभी-कभी
मेलशॉवनिस्ट बन जाते हो।

०००